CRÓNICAS DESDE LA ETERNIDAD

Rorka

PARTES

PRIMERA PARTE

Muchos son los convocados, pero pocos los que asimismo sean elegidos. La Luz del Creador desciende hacia la Tierra para despertar al hombre de esta raza, que está sumergida profundamente en el pesado sueño material o físico y hacerlo renacer de las cenizas de su propio ego, hacia la Luz Celestial Divina y Universal.

Vamos a entregar estas herramientas de Luz muy poderosas para que la transición de Luz, Amor y Paz que se sucederá aquí en la Tierra, sea lo menos traumática posible.

Como divino mensaje de Luz y Paz, se ha restaurado y se ha complementado un verdadero rescate desde el "MICRO" a nivel mundial, esta información nos la brindan nuestros hermanos stelares, desde el Padre Celestial para todo aquel que desee escuchar.

Toda esta información, herramientas y claves se han mantenido ocultas durante milenios para ser entregadas cuando así la humanidad estuviese preparada. Sabemos que no es fácil, pero para eso estamos aquí ahora, para proporcionar Luz Suprema.

Estamos continuamente a vuestro lado, guiando y aconsejando con una voz que no puede ser escuchada sin la apertura trasparente de conciencia y el corazón abierto al amor puro.

Elevemos nuestros estados de conciencia y activemos nuestros centros superiores, para que de esta manera podamos abrir portales personales en donde la Luz del Padre se manifieste y "obtener" el pan de vida, que el Hermano Jesús nos entregó en su momento y hasta el día de hoy perdura.

Nada es casual, todo está sujeto a las Leyes del Padre Celestial, nada ocurre sin el estricto control de los seres de la Luz. Todo está en su justo orden acontecido, en el momento oportuno.

Todo lo que fue, es y no dejará de ser.

La historia de la humanidad no revela su verdadera identidad.

De hecho, es conocido que los humanos saben bien, que los hallazgos arqueológicos no corresponden a la información que la ciencia expone para el origen del ser humano, o su historia en cuanto a su origen.

Las primeras evidencias que nos permiten darnos cuenta de esto, son realmente monumentales como las pirámides. Y aunque muchas de las pirámides en todo el planeta han sido ocultadas deliberadamente, las de Egipto no lo fueron. Y no han sido porque fueron las últimas en estar funcionando. Podrían haber sido destruidas por la negatividad, pero no lo han hecho por una sencilla razón… "En ellas se esconden los secretos de los cielos".

Se podría decir que toda la historia del "Ser Humano" hoy en día con toda la ciencia y tecnología que se tiene, aun sigue siendo una incógnita. Esas limitaciones para llegar al conocimiento verdadero y certero, del origen de esta humanidad terrestre, viene dado por las limitaciones que al Ser Humano se le ha sido expuesto, para "no saber" la verdad.

Las cuatro civilizaciones anteriores no tuvieron esas limitaciones y acabaron destruidas. Ese es el motivo por el cual a esta última civilización, se le puso limitaciones hasta que llegase el medio tiempo. (Este medio tiempo coincide con el tiempo actual.)

Es cierto que el Ser Humano, todo lo comprende erróneamente hasta que no se convierte en un genuino buscador de la verdad. Está bien, hasta cierto punto que sea así, pero también es cierto, que si su búsqueda solo se centra hacia el exterior y no hacia el interior, seguirá errando.

23

Es muy cierto que no existe solo una guerra entre los seres humanos, hombres contra hombres, sino que este enfrentamiento va mucho "más allá" de nuestro propio entendimiento.

La situación real del Ser Humano ha sido bastante compleja para llegar a la comprensión del Plan del Creador. Sin embargo ya no lo es.

¿*Por qué motivo ahora ya no lo es?*

Porque todo el conocimiento se ha abierto al Ser Humano, conocimientos que hemos recibido en el tiempo transcurrido desde el principio de los tiempos y en esta última civilización, con la llegada de Jesús (El elegido, que aunque era hombre; contenía en si mismo, los secretos de los cielos.)

Conocimiento que ahora se ve intensificado por toda la energía electromagnética que estamos recibiendo desde la Tierra y coordinadamente desde el centro de esta galaxia.

Las dos energías, producen en cada ser humano, que hacemos la función de pirámides, la descodificación de nuestro ADN humano a todo aquel que lo desee de corazón, pues solo a través del amor hacia el prójimo, se puede acceder a ello.

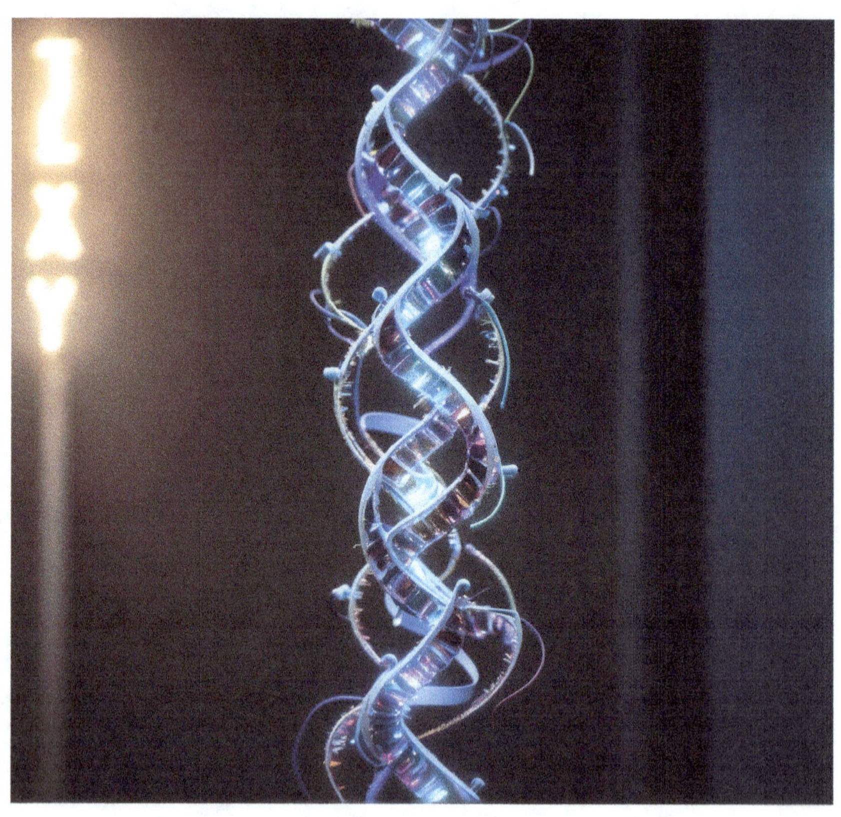

Nuestro ADN tiene una secuencia codificada, que nuestros científicos no han logrado nunca descodificar.

No lo han podido descodificar, porque la ciencia necesita algo con que comparar, para descartar lo que no es y así conseguir de este modo, saber que es. No hay nada en este Planeta con lo cual comparar ese ADN codificado.

¿Se comprende el hecho de que la línea de ADN humano descodificado, sea tan importante de ocultarle al mundo?

En el se encuentran los secretos de los cielos, esto lo ha estado buscando la negatividad de esta tercera dimensión, al igual que toda la negatividad de la cuarta dimensión sin descanso.

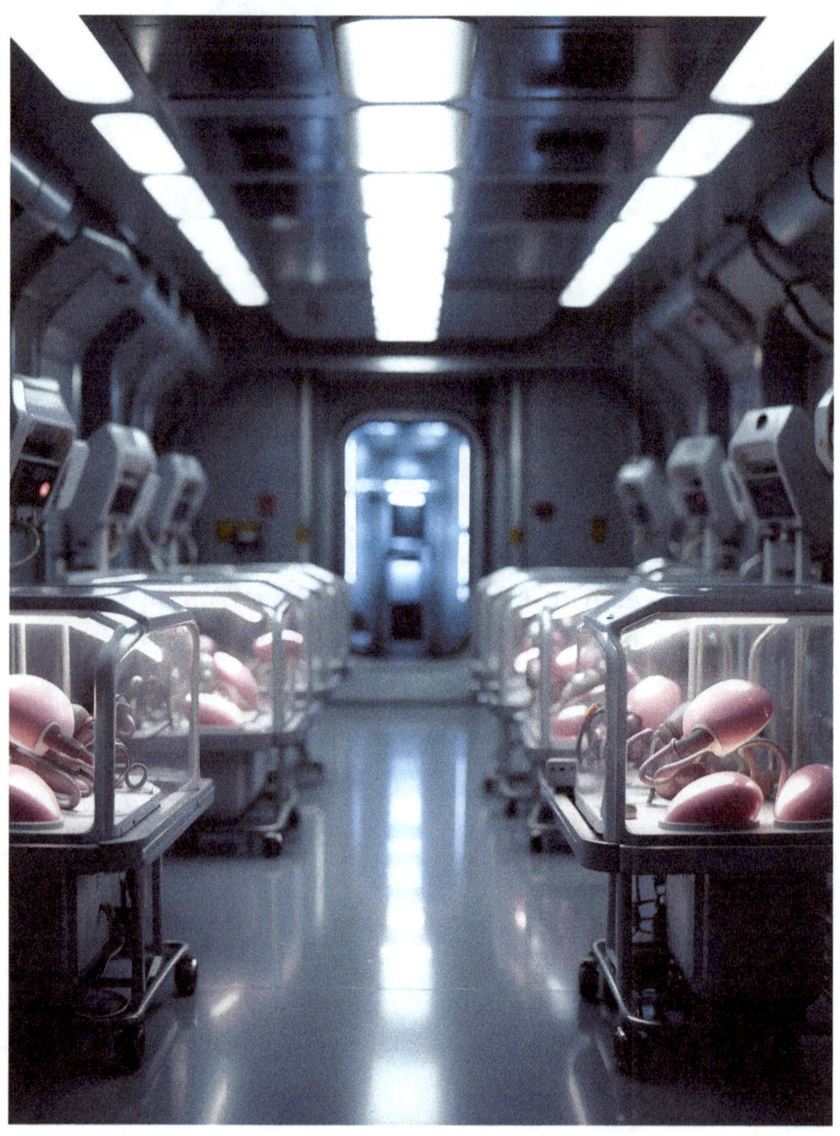

No es una descodificación total absoluta momentánea…, pues la totalidad la vamos descodificando cada ser humano, mientras vamos avanzando en conocimiento espiritual hacia lo positivo muy rápidamente. (Lo que en una situación normal se necesitaría de miles de años, lo obtendremos en solo cuestión de un año, tal ves dos o solo un mes o dos, o solo un día o dos.)

De este modo con el ADN descodificándose, no necesitamos de Maestros, Sabios o Guías espirituales, ni extraterrestres; puesto que el mismo Espíritu del Creador en Unidad con cada espíritu en cada Ser Humano, será nuestro Guía.

La energía ni se crea ni se destruye, solo se transforma. El Creador es Espíritu y el Espíritu es Energía Inteligente.

La Energía Inteligente, creó el "Estado Mental" y el "Estado Mental" creó el "Estado Físico". Es decir, La energía se transforma en materia a través de la inteligencia.

La física cuántica (locura según la ciencia oficial), es fundamental para no solo la comprobación científica, de todo el mundo espiritual, sino también de su comprensión. Al igual que la Astronomía, Arqueología, Filosofía, Biología y Psicología. Las ciencias jamás han estado separadas del Mundo Espiritual. Solo en este Planeta ha sido así a causa de la negatividad.

Comprender que la Energía creó el "Estado Mental" y el "Estado Mental" al físico, nos ayudará a comprender de donde venimos.

Energía…Mental….Físico. Comprender de donde venimos nos ayudará a "Comprender para que estamos aquí… Y estamos aquí, para recorrer el camino de regreso: Físico…Mental….Espiritual". Comprender esto, es un gran paso para entender cual es nuestro origen, para que estamos aquí y hacia donde vamos.

El Plan del Creador no está hecho al azar, todo tiene un propósito…, el de mostrar la verdad a todo aquel que elige "Ser".

Algunos suelen llamar a todo este acontecer…., guerra entre ángeles y demonios, Satanás contra Jehová, el bien contra el mal, otros que es un juego; y, otros… Plan de Dios. Todas las definiciones son correctas.

La referencia más importante de esta quinta civilización, para la comprensión tanto del mundo espiritual, como de la muy accidentada historia humana, es Jesús.

(Cuando digo Jesús, no me refiero a la "religión" cristiana) y el Nuevo Testamento (Cuando digo "El Nuevo Testamento" no me refiero a la Biblia en su totalidad, sino en las enseñanzas del Nuevo Testamento, puesto que contiene mucha sabiduría.)

Es muy cierto, que aunque manipulada la Biblia y conteniendo errores en su traducción, como por ejemplo: cuando dice: "el pan nuestro de cada día, dánoslo hoy" no es "hoy"….sino "ahora".

Cuando dice: "el fin del mundo" es en realidad "fin de la presente edad". Parece que es lo mismo, pero no lo es; existe una gran diferencia de interpretación y por tanto, de comprensión de la misma. Al igual que muchos de los escritos que no han sido incorporados a ella, aún así contiene mucha información y sabiduría.

Jesús será quien cuando todo lo tenga bajo sus pies… (acontecimiento que ya está a su término), todo quedará bajo el poder del Creador. Jesús es el Mayor, el que ordena a los ejércitos de los cielos y la tierra.

Como bien dijo Jesús: "En casa de mi Padre, muchas moradas hay"…Y así es: existen doce.

Hay cuatro grupos de trinidad: tres, seis, nueve y doce. Esta humanidad está a punto de completar la primera. Según se vaya teniendo la madurez espiritual, así se va ascendiendo.

A los humanos terrestres realmente no les concierne la llamada "ascensión" ahora. Faltaría si fuese un proceso normal, algunos miles de años para que se hubiese completado este proceso. Sin embargo, se ha adelantado porque de no ser así, no habría nada que "salvar".

El cuarto grupo de Trinidad, es una Trinidad Real…Padre + Hijo + Espíritu Santo = DIOS o Creador (Tanto es arriba como es abajo) Los humanos terrestres han obtenido a esta Trinidad Real en el primer grupo, gracias a Jesús pues Él, facilitó esa entrada o acceso.

El ADN ciertamente solo es importante en una tercera dimensión como seres humanos, porque influye en nuestra personalidad y carácter, tanto como en el Espíritu, porque en él están contenidos los secretos a los cuales todos podemos acceder, solo con amor hacia el mundo espiritual, para la obtención de la inmortalidad, de este modo… está ahí, la oportunidad de "Ser" dioses.

____

(No se intenta convencer de nada, de lo que en verdad se ha visto, de lo que conozco y de lo que se, que es… de todo lo que hoy se deja constancia aquí.) Nuestra misión, es solo la de una estrella…señalar el camino de regreso a casa y ayudar en la ascensión a la Tierra.

SEGUNDA PARTE

Sé que el mundo espiritual es complejo y mucho más cuando se ha de integrarlo todo en él..

Es un poco complicado, pero en cuanto te proporcione unas referencias podrás entender un poco más, el hecho tan importante de trabajar consigo mismo… y por sobre todo con la mente, para llegar al Espíritu y a la comprensión de ti mismo, y todo del "Todo".

Empecemos desde el principio. (Nunca antes mejor dicho.) El Espíritu (El Todo) creó al mundo Mental y el Mental, al Mundo Físico. Durante un cierto tiempo, (millones de años) el Universo tiene que estar comprimiéndose y expandiéndose a la vez.

¿Que significa este proceso?

Significa que a la vez que se expande, también se produce una contracción o destrucción. Debido a una elevación de conciencia, el Universo exige el paso de una dimensión a otra llegado el momento de cierta maduración espiritual de todo lo creado.

Llegado ese momento, el Creador todo fusiona consigo mismo, tanto lo negativo, como lo positivo para poder crear ese total y absoluto equilibrio. (Tenerlo todo bajo sus pies, o bajo control.)

Ahora es cuando llega el momento de hablar de la mente...

El proceso de todo ser para evolucionar espiritualmente, consiste en volver tras los pasos de su propia creación (ir hacia el interior) para su elevación de conciencia, por tanto podríamos decir, que lo físico tiene que trascender a lo mental, para poder llegar a lo espiritual...

¿Entiendes el proceso?

El mundo mental, está justo en medio del mundo espiritual y el mundo físico. Por tanto para llegar a lo espiritual, tienes que pasar obligatoriamente por el mundo mental (Mente).

Trabajar con tu propia mente, para transformarla en "No mente" no es un trabajo fácil, pero… es un trabajo que hay que hacer consigo mismo si deseas "Ser" consciente y así elevarte espiritualmente para con merecimiento poder llegar a "Ser" eterno. No se puede saltar este proceso, ni tampoco hay atajos, siento decir esto pero así es, por mucho que se empeñen los negativos por buscarlos.

El ser humano es espíritu, es mente y tiene cuerpo físico.

El "Ser" es el espíritu; el "ego" es solo una creación de la mente.

Si aparece el "Ego", el "Ser" desaparece. Si aparece el "Ser", el ego desaparece. Los dos no pueden existir a la vez, en el mismo momento. (Solo uno puede ocupar el espacio.)

La mente es muy poderosa. La Mente sabe que cuando el "Ser" aparece, su creación "El Ego" desaparece. Por tanto, podríamos decir sin duda alguna, que ese poder mental existe y es real.

La cuestión es: saber si tú posees ese poder sobre tu mente, o es tu mente quien tiene poder sobre ti.

¿Para que necesitamos saber quien tiene ese poder…?

No nacemos con miedo, la mente la crea a través del Ego. No nacemos siendo esclavos, la maravillosa "mente" crea esa esclavitud a través del ego. No nacemos siendo infelices, es la mente la que crea la infelicidad a través del ego… No nacemos con el Ego, la mente es quien construye el "Ego" con el transcurso del tiempo.

Así que, llegado "este momento" podríamos hacernos la pregunta idónea nosotros mismos para no quedar como idiotas, ante todo el Universo…

¿Para qué entonces necesito al "ego" si no me proporciona nada agradable?

Ahora ya sabemos que el "Ego" es creación de la mente y que realmente no lo necesitamos.

¿Cómo y cuando la mente crea al ego?

Como ya he dicho: "no nacemos con el ego". De hecho, podemos observar a los niños pequeños para darnos cuenta de ello.

Los niños siempre dicen la verdad, puesto que no está ahí el ego para esconderse detrás de las mentiras.

Los niños no conocen el miedo, de ahí tantos accidentes en su insistente curiosidad por experimentar.

Los niños siempre están felices y jugando en su interminable "ahora" porque no conocen al ego.

Los niños pequeños, dan amor incondicional porque no está el ego en ellos.

No tienen maldad o negatividad con conocimiento, porque el ego, aún no ha sido construido por la mente.

El "ego"… siento decir esto pero es así: ¡lo construye la mente! con la ayuda de los padres en primer lugar, después con la ayuda de las demás personas, que rodean al niño… (abuelos, tíos, amigos, profesores, médicos, etc.) y más adelante, ya se encargará la sociedad de dejarlo bien colocado en la mente de todo el mundo… (una forma muy sutil de manipulación primeramente inconsciente, por parte de los padres, terminando por una manipulación totalmente consiente, por parte de la sociedad y así de la negatividad).

Ahora ya sabemos cómo se construye el ego.

Un niño pequeño necesita amor, necesita alimento, necesita protección, necesita ropa, necesita educación, necesita juguetes…, cuando crece y empieza la mente a construir el ego…, siempre "querrá más" de todo, porque jamás se conformará con lo que tiene.

El "poseer" será más importante que el "Ser". De hecho, el "Ser" desaparecerá casi por completo, para que el "ego" pueda estar ocupando ese espacio. Y así crecemos, así vivimos…, hasta que nos demos cuenta que el "ego" es un estorbo para tu elevación personal.

¿Cómo entonces se puede llegar al Ser?

Por el despertar de la conciencia. No hay otra manera. Cuando empiezas a "darte cuenta" que la realidad que vives puede ser vivida de otra manera, más acorde con lo que llamamos felicidad.

Entonces…, empezar a observar la mente, es el primer paso para entenderla y poder así transformarla en "no mente".

¿Qué significa "no mente"? - ¿Que no necesitamos la mente?

El Espíritu más la Mente, lo es "TODO". Por tanto: "no mente" (no significa que no necesitemos la mente) significa que nosotros dominamos a la mente y no la mente a nosotros. (Recuperar nuestro poder sobre nosotros mismos, sobre nuestra mente y sobre nuestros pensamientos…)

Como lo dijo el Apóstol Pablo… "Todo lo que sea expuesto a la Luz, será manifestado en ella y en la Luz será transformado."

Para poder dominar nuestra mente, lo primero es observarla sin juzgarla. Nos convertimos en testigo principal de nuestra propia mente. Solo cuando la comprendas, podrás transformarla…, sin prisas, sin dañarla y sin dañarte.

Cuando el ser humano se toma el tiempo suficiente para observar su mente, se da cuenta que el "ego" siempre está en un tiempo pasado o futuro, jamás está en el ahora.

Cuando la mente se encuentra en el pasado, crea pensamientos cuyas emociones el ego lo transforma en sufrimiento, revisemos algunos ejemplos: "esto tenía que haber sido así, esta otra situación no me gustó, esta persona dijo esto de mi, esta otra persona me dañó, etc."

Cuando la mente está en el futuro, crea pensamientos que el "ego" transforma en ansiedad, por lo que podría pasar o no pasar, también sobre lo que el ser humano puede hacer y decir o no hacer y no decir.

Cuando logramos entender cómo funciona la mente a través del ego, comenzamos a recuperar ese poder poco a poco, dejamos de ser testigos para convertirnos ¡al fin! en dominantes de nuestra propia mente.

Entonces es cuando el "Ser" queda manifiesto ante la Luz transformando la mente en Luz. El "Ego" va desapareciendo lentamente, como lentamente vamos recuperando nuestro poder.

Cuando el Ser Humano, está presente en el "Ahora" es cuando empezamos a ser testigos tanto como "protagonistas" y solo entonces, nos daremos cuenta que hemos pasado de mental a no mental. (Y por tanto a espiritual).

Cuando comprendemos quienes somos y que potencial poseemos, más alta vibrará nuestra consciencia…

Cuanto más alto vibremos en ese estado de conciencia, más fácil nos será captar informaciones de dimensiones más elevadas, provenientes del Universo y de La Tierra.

TERCERA PARTE

Debemos entender que:

Hacemos la función de pirámides, fusionamos en nosotros la energía de la Tierra y la que proviene del espacio…Interactuamos todo el tiempo con el exterior tanto recibiendo como enviando información a través de la mente.

De nosotros depende si esa energía es positiva o negativa puesto que juega un papel importante tanto el Libre Albedrío como la Ley de Atracción (Lo que piensas es lo que creas, lo que creas es lo que atraes.)

Es importante darse cuenta que solo nosotros tenemos "el poder" sobre nosotros mismos tanto para poder "Ser" positivos como para "No Ser" positivos. Hacemos uso de nuestro "libre albedrío" exactamente igual que la madre Tierra.

La Tierra es un "Ser vivo"… físico, mental y espiritual. Ella (energía femenina) ha elegido "Ser" positiva y elevarse espiritualmente. Llegado el momento la Tierra quedará bajo control del Creador como todo lo creado en el Universo para la ascensión. Todo principio tiene un final, pero… Después de un final Siempre hay un nuevo comienzo (la serpiente que se muerde la cola) Por ese motivo no es realmente un final, sino más bien una transformación.

¿Qué ocurrirá después de ese proceso de equilibrio?

Todo lo que no tiene un deseo de evolucionar deja de "Ser" como individual, todo lo que tiene posibilidad de avanzar el Creador le ofrece la oportunidad de repetir en la misma dimensión que se encontraba antes de ese proceso de equilibrio, significa…, continuar con su elevación de conciencia.

Y todo aquel que ha alcanzado el nivel de conciencia requerido, se le proporciona la dimensión adecuada a su nivel de evolución espiritual.

Todos los seres humanos ya sean terrestres o, no terrestres, tienen tres estados… Físico, Mental y Espiritual (Cuerpo + Mente + Espíritu)

El Estado Espiritual y Mental, no necesita dormir. (Desconectarse del mundo real.) Siempre están funcionando, aunque según sea el caso, funcionan en diferentes niveles de conciencia…. Inconciencia, conciencia y supra conciencia.

Funcionan los tres estados, conectados unos con otros (físico, mental y espiritual).

Sin embargo, cuando tienes cuerpo físico, tal cuerpo físico necesita descanso debido al desgaste de energía y junto al estado mental también tiene que desconectarse de la tercera dimensión de un Estado de Conciencia a otro de inconsciencia por medio del proceso de dormir, para permitir que el cuerpo físico se desconecte y recupere energía.

El cuerpo físico, es realmente una casa donde habita vuestro espíritu y también un vehículo que nos permite movimiento, para que podamos ser "Seres individuales".

Cuando el ser humano duerme, la mente se desconecta pasando de un Estado a otro de Conciencia. Es decir, de Conciencia a inconsciencia (realmente es un estado simplemente de no conciencia, pero los seres humanos terrestres actualmente lo clasifican así).

De este modo el cuerpo del ser humano funciona solo con vida animal, no inteligente. Nuestros códigos de ADN humanos se desconectan, solo siguen funcionando los códigos de ADN animal.

La Mente y el Espíritu pasan a un nivel de quietud, pero trabajando conjuntamente se transmiten información uno a otro y así constantemente, durante ese proceso de dormir.

Interactúan mutuamente en un proceso de conocimientos (sueños, pesadillas y profecías). Dependiendo de si el Ser Humano es Espiritual o no, así son las transiciones que se producen tanto en lo mental, como en lo espiritual.

Un ser Humano con cuerpo físico, necesita dormir y descansar, tanto física como mentalmente. Eso produce bienestar físico y mental. De no ser así, dejaría de funcionar tanto como el no comer o beber.

Cuando el Ser Humano es Espiritual, el Espíritu es quien proporciona información a la mente mientras duerme o esté despierto según sea el caso al que nos estamos refiriendo ahora. No el Espíritu Humano, sino el Espíritu del CREADOR que trabaja conjuntamente con el de cada uno de los seres humanos en Unidad.

Digamos que si el Ser Humano le pide al CREADOR que proporcione información mientras dormimos, Él nos la dará y no es broma. El CREADOR proporciona sabiduría a todo aquel que se la pide, sin medida.

Lo que Él piensa que necesita saber cada ser humano, nos lo hará llegar de manera y formas diferentes.

Cuando un Ser es solo Mental, (Cómo ocurre con todos los seres humanos de tercera dimensión) la mente es la única que trabaja en este caso concreto.

Ella misma no para de transmitir información, reproduciendo una y otra vez lo que en ella hay de conocimiento limitado.

Reproduce en estado de sueño las inquietudes y miedos que el Ser Humano experimenta en su vida.

Alguna que otra vez cuando un Ser Humano despierta del Estado de sueño a causa de un despertar, no con un proceso normal por el mismo, sino por alguna causa externa o interna, (ya sea una pesadilla o por un ruido externo) el cuerpo físico tarda unos minutos en conectarse, es un proceso corto pero que causa mucho miedo, porque no se puede mover nada, ninguna parte del cuerpo, aunque la mente esté totalmente despierta. Es lo que se conoce como estado de Rem.

Cuando lo seres humanos (terrestres o no terrestres) no tienen cuerpo físico porque están en elevadas dimensiones, la mente tanto como el Espíritu son solo uno; y, por tanto no necesitan del dormir.

Los de cuarta y quinta dimensión tienen cuerpo físico porque aún están muy apegados a sus cuerpos. Sin embargo cuanto más avanzamos en dimensiones, menos se tiene la necesidad de cuerpo físico. Un ser individual decide por sí mismo cuando dejar el cuerpo físico. (No hay reglas para eso)

Esto que lo cuento de manera elocuente nos resultará extraño, pero lo explico aun más extendidamente para comprenderlo….

Tenemos dos cuerpos: uno físico y otro espiritual…. El cuerpo físico es digamos una casa, donde se encuentra el cuerpo espiritual.

El cuerpo espiritual es la casa donde habita el Espíritu. Los dos son cuerpos, uno se ve porque es materia y el otro no se puede ver porque es solo energía.

Que el aire no se pueda ver no significa que no exista, de hecho, si no fuese por el aire no tendríamos vida más allá de pasados unos minutos.

Y sin el cuerpo espiritual no seríamos humanos, seríamos solo cuerpo animal.

El cuerpo espiritual se mueve, puede oír, hablar y sobretodo pensar y sentir tal igual que el físico.

Las diferencias son: que el cuerpo físico necesita alimentarse de productos físicos; y, el cuerpo espiritual para alimentarse... necesita de energía.

El cuerpo físico se ve y el cuerpo espiritual no se ve.

Un ejemplo para comprenderlo...

Digamos que estamos andando por la calle en posición vertical y mirando hacia delante, nos estamos moviendo, podemos oír, hablar, pensar y sentir.

Sin embargo, si no pudiésemos ver nuestra imagen reflejada en un espejo no sabríamos que tenemos cara y ojos porque no nos podríamos ver.

Pues así es el cuerpo Espiritual, no podemos verlo pero lo sentimos porque en verdad es cuerpo, aunque no físico...podemos movernos, oírnos, hablarnos aunque no con la boca sino a través del Espíritu (telepatía), pensamos, creamos y sentimos.

Somos los mismos seres que nos encontrábamos dentro del cuerpo físico. ¿Comprendemos que somos espíritu y que el Espíritu es "Energía Inteligente" y que ése es el Ser que Somos... "El Ser"?

Pues así son los seres humanos, ya sean terrestres o extraterrestres, sean negativos o positivos.

Los que no tienen cuerpo físico y son positivos, al tener una misión que cumplir necesitan de cuerpo físico, la energía se materializa como hacen los ángeles, puesto que son nuestros emisarios.

Por ese motivo, es tan importante como fundamental que logremos dominar nuestra mente para transformarla en "no mente" y lograr así dominarla.

Ese poder, es un poder existente y real, si nosotros no logramos dominar nuestra mente, nuestras mentes nos dominarán a nosotros. La mente contiene mucho poder y si está bajo el dominio del "ego", se vuelve peligrosa.

Sin embargo, si nuestra mente está en el ahora… nosotros pasaremos a dominar nuestra mente.

De este modo, lo que sale del corazón (amor) pasa a través de la mente, creando pensamientos positivos. Lo que pensamos es lo que creamos y lo que creamos es lo que obtenemos. (Ley de atracción)

Este es un poder inimaginable, así que debemos utilizarlo solo para hacer el bien…, pues todo lo que creamos se volverá hacia a nosotros mismo multiplicado.

Si creamos bien, bien obtendremos. Si creamos mal, mal obtendremos. ¿Comprendemos porqué el **CREADOR** no le hace falta juzgar o condenar a nadie?

Ya lo hace el Ser Humano solito, pues en sí mismo está el juzgarse y condenarse a su propia eliminación como Ser individual, sin ayuda de nadie.

(Ese es el motivo por el cual las religiones a través de ese conocimiento intencionadamente erróneo del mundo espiritual, ha obtenido y obtiene poder sobre los seres humanos terrestres.)

La mente es poderosa, los pensamientos no son otra cosa más que el ir y venir de preguntas.

Por tanto necesitamos respuestas, si no las obtenemos, la mente se vuelve peligrosa. La mente por sí sola no puede responderse a todas sus propias preguntas, necesita del Espíritu para la sabiduría infinita. La mente es como un bebé, démosle comida, limpieza, descanso y amor… y nuestra mente estará sanamente satisfecha creando de este modo pensamientos positivos y felices.

CUARTA PARTE

Cuando la mente está enferma, el cuerpo pide ayuda a través de enfermedades que a veces pueden llegar a ser incurables.

La mente está siempre pensando y por tanto creando, esa es su función. Depende de cada uno, que pensamientos quiere tener y por tanto crear. Y para que. Así, de esta manera, estamos siempre utilizando el libre albedrío, aun sin saberlo.

El canal del parto y el ataúd se hicieron para un solo cuerpo... (Sé que esto es difícil de aceptar). Duele mucho llegar a darse cuenta realmente de lo que significa lo que aquí ahora lo estoy exponiendo.

Al saber esto, al ser humano le invade una sensación no muy buena cuando llega a ser consciente de ello, sobre todo si alguno tendrá hijos y familia.... Pero se debe entender que es un recorrido que cada uno debe realizar por sí mismo, si en verdad desea ayudar a los demás para que también puedan llegar a ser "seres individuales".

Una vez comprendido esto y se logre aceptar, el ser humano estará más cerca de comprender el amor incondicional de cada ser humano padre a sus hijos y por tanto se sentirá más cerca de ellos, porque el verdadero amor los unirá.

De este mismo modo se podrá comprender que El Creador como nuestro Padre que es, siente lo mismo por cada uno de nosotros y exactamente por ese motivo desea estar en Unidad

con todos sus hijos. *(El amor es la clave de todo este proceso divino, junto al libre albedrío.)*

"El tiempo" tal cual lo entiende el Ser Humano, tiende al error.

La medida del tiempo entendida por los seres humanos es creación de esta humanidad y como todo lo creado en tercera dimensión es confuso, en cuanto a como se lo aplica en el espacio y por tanto en el mundo espiritual.

En el espacio, el tiempo "como los seres humanos" lo entienden, no existe. Solo como tiempo existe el "Ahora", ayer tuvo un montón de "Ahora" y mañana tendrá muchos "Ahora".

También existe una medida de tiempo para todo lo creado… "Un tiempo, tiempos y medio tiempo" pero solo para lo físico… Un tiempo para nacer, tiempos para realizarse a sí mismo y medio tiempo para morir.

Incluso para los seres humanos terrestres la medida de tiempo que se ha creado en realidad no existe como tal. (Por este motivo, no coincide con las mediciones hechas por los Mayas)… Un ejemplo para entenderlo….

Digamos que "tú" vives en Málaga y me llamas por teléfono para comunicarme que acabas de tener un hijo. Yo, al recibir la noticia porque estoy hablando en este preciso instante contigo por teléfono, me alegro. Pero en realidad, desde el lugar que ocupo en el espacio, tu hijo para mí aún no ha nacido porque yo…. vivo en Quito.

Este proceso también nos ayudará a comprender el proceso de telepatía con otros seres de otras dimensiones.

Podemos estar en comunicación telepática con otros seres de otras dimensiones, porque estamos hablando en la misma frecuencia (teléfono) aunque ocupemos diferentes lugares en el espacio. (Málaga - Quito)

Esta comunicación telepática también ocurre con los animales y con La Tierra.

Es decir, cuando usamos la telepatía no solo podemos comunicarnos con otros seres humanos, sino con seres humanos extraterrestres, con los animales, con la Tierra y con el CREADOR, puesto que todos hablamos en la misma frecuencia.

Nuestra interpretación del pasado, presente y futuro también es errónea; Si paramos nuestra mente para observar lo suficiente, podríamos comprender que pasamos directamente de futuro a pasado, sin tener realmente un presente.

Así mismo te diré que ni existe un futuro, pues realmente es un tiempo inexistente, ni un pasado, puesto que tampoco es un tiempo existente. Solo existe el "Ahora" como tiempo real existencial.

También puedo decirles que…, lo que ha de suceder ya ocurrió, puesto que escrito está en el tiempo, solo que para los seres humanos en La Tierra, aún no ha sucedido.

(Digamos que el acontecimiento de lo que ocurrió está en Málaga, pero para los quiteños aun no ha sucedido.)

Entendamos otro ejemplo….

Digamos que te pones con un telescopio a observar las estrellas y te centras por ejemplo en una de ellas que está en la constelación de Orión y yo estuve allí hace dos mil años…

Yo vi como estalló esa estrella y describo en un papel todo lo que vi y vine a la Tierra un día después de estallar esa estrella…

Sin embargo ahora ya no está, no hay ni rastro de ella en la constelación de Orión, sin embargo voy a tu casa, con mi escrito en papel de los sucesos que fui testigo y te encuentro mirando por el telescopio hacia la misma estrella que yo vi morir.

Y Yo te digo…., estás "viendo" una estrella que no solo ha dejado de existir sino que Yo la vi morir.

Aún te diré algo más… Según el lugar que ocupas en tercera dimensión…, verás a los de cuarta o quinta dimensión como algo que está en el futuro. Y que solo los de tercera dimensión podrían

aprender de los de cuarta o quinta dimensión…, pero esto es una gran equivocación.

Dependiendo de lo que los demás seres de elevadas dimensiones aprendan de nosotros, así su futuro cambiará. (Aún siendo los más pequeños, seremos los más grandes.)

Escribamos pues la historia…

Hay tantas teorías, suposiciones y especulaciones sobre el origen del hombre que cuerdamente no es de extrañar que estemos tan confusos… Veamos un poco el porqué…

No llegaremos nunca a la comprensión de la verdad, porque nuestro mundo está gobernado por la negatividad. Para llegar a la verdad, no hay mas que ponerse a las puertas del mundo espiritual para poder entrar.

La negatividad en sí misma tiene conocimiento del mundo espiritual, pero no se puede llegar a través de ella.

Los seres que eligen ser negativos desarrollan el estado mental pero no logran atravesarlo para llegar al estado espiritual, esto es importante que logremos entenderlo pues en resumidas cuentas, de eso trata mucho nuestra historia. (Cuanto más avancemos en la comprensión de los escritos, más fácil nos será el entendimiento.)

Los seres que eligen ser negativos desarrollan el estado mental pero no logran atravesarlo para llegar al estado espiritual…

De hecho, tanto han desarrollado lo mental que más que acercarse a lo espiritual, se separan de él. Su mirada se centra más en el exterior que el interior, perdiendo de este modo la oportunidad de obtener la verdadera Sabiduría.

Al separarse del estado espiritual, no reconocen al Creador como su DIOS y Padre de todos.

Al no considerarse un igual a los positivos, no reconocen el poder mayor que ejercen los positivos hacia los negativos, por tanto los enfrentamientos son constantes. La negatividad sirve como catalizador, sirve para elegir si deseamos ser un "ser negativo" o no serlo.

La negatividad con la positividad, han de estar en equilibrio tanto en el interior de uno mismo como en el exterior.

Sin embargo no es lo mismo ser un Ser Humano Positivo que un Ser Humano Negativo, aunque los dos actúan por amor y en amor obtienen su recompensa.

La negatividad así mismo son energía masculina y la positividad son energía femenina.

Básicamente los dos polos opuestos son motivados por amor y por ese amor actúan recibiendo según sus acciones la recompensa que desean. Sin embargo, existe una diferencia en el actuar de los positivos y de los negativos…

Los negativos por amor "hacia" si mismos "actúan" para conseguir un beneficio solo, para si mismos.

Sin embargo sus acciones sirven como catalizadores beneficiando así a los otros, porque les da la oportunidad de….. elegir que desean "ser", perdonar y no enjuiciar.

En el caso de los positivos, por amor hacia los demás actúan

para conseguir beneficio ajeno y de este modo, la recompensa viene dada según su naturaleza.

Es decir, si eres positivo lo que realmente consigues es energía positiva y si eres negativo, consigues energía negativa

La positividad se alimenta de energía positiva, como la negatividad se alimenta de energía negativa. Lo que te alimenta, te ayuda a crecer y lo que te ayuda a crecer, es lo que consigues "Ser" y lo que eres, es lo que vas a reflejar; o, dar hacia al exterior.

Una vez aclarado un poco este asunto acerca de "la negatividad", he de seguir explicando otros aspectos, antes de plasmar un poco la "historia"...

Digamos que para que comprendas tu historia, he de hablarte de la nuestra, aunque solo sea muy superficialmente...

Como ya sabemos el Cosmos está compuesto por muchos universos. Cada universo tiene y está a su vez compuesto por muchas galaxias y cada galaxia por sistemas solares. Cada sistema solar, tiene unos determinados planetas. Y todo el cosmos está creado por una sola Energía Inteligente.

Nuestra visión del universo desde la perspectiva humana terrestre contemporánea, complica la comprensión del mismo, puesto que en realidad observan el Universo, desde un punto de vista de segunda dimensión, es decir, como si fuese plano.

El universo tiene muchas estructuras, pero lo que no es..... es precisamente "plano" Repito: El universo no es plano sino multidimensional.

El movimiento que se realiza en este sistema solar como en todo el Universo es en forma espiral y en forma de cono en constante

movimiento hacia delante, pero no en línea recta aunque si lineal pero en forma circular…

Intentaré explicarlo mejor…

Imaginémonos el cucurucho o papel del cono de un helado y pongámoslo en posición horizontal…. bien, ahora tomemos imaginariamente un bolígrafo y empecemos a dibujar una línea empezando desde el extremo más cerrado del cono y en forma de espiral por todo ese cono, hasta llegar al extremo más ancho del cono y una vez llegado allí, volvemos dibujando en espiral alrededor del cono hasta llegar otra vez al extremo del cucurucho que está cerrado.

Y ahora imaginemos que el cono a su vez se mueve siempre hacia delante sobre una línea circular, es decir, en forma redonda.

Ahora imaginémonos que la línea circular no es plana si no que es una bola.

Así, su movimiento recorrerá en forma circular toda la superficie de la bola.

Pues bien, así es el movimiento de este sistema solar tanto como el de galaxias y universos.

Y digamos que el centro de todo este movimiento, es precisamente el TODO.

Con énfasis diré que aprendemos "nada" porque "todo lo aprendimos ya…." lo que hacemos es solamente "recordar".

Este movimiento lineal y en forma circular, nos ayudará a entender la alineación del universo que se producirá pronto.

Los seres humanos terrestres dibujan la alineación en forma recta y eso provoca confusión al entenderlo, puesto que la alineación como su nombre indica "es lineal" pero no recta (la serpiente que se muerde la cola, circular, alfa y omega, final y principio).

Para que logremos entender mejor esto de la alineación cósmica… imaginemos un círculo y todos los planetas de este sistema solar y el sol están sobre la línea, a continuación están todos los demás sistemas solares y nuestra galaxia.

Así todos los universos seguidos unos detrás de otros sobre una línea en forma circular. Todo está sobre esta línea formando un círculo, a esto se le llama: "tiempo cero".

QUINTA PARTE

Se le llama "tiempo cero" porque todo se parará (quietud absoluta) por un pequeño determinado tiempo. Una vez pasado ese tiempo todo vuelve a estar en movimiento pero todo estará ubicado de forma diferente en el universo.

La Tierra, estará ubicada entre la constelación de Orión y las Pléyades, formando parte de un sistema solar, de 4ta Dimensión.

Con énfasis tengo que resaltar que no tiene que corresponder la Ascensión de los Seres Humanos de La Tierra con la alineación de los planetas, pero en este caso sí, por unas series de razones que iremos comprendiendo más adelante.

Digamos que lo normal hubiesen sido dos civilizaciones más, para obtener la ascensión; es decir, "siete" ciclos cósmicos.

Ahora que también estamos hablando de movimiento en el Universo, me gustaría explicar algo más que nos ayudará a entender tanto la ascensión como la "tele transportación"…

La tele transportación como tal, los seres humanos terrestres la conocen y no solo la conocen, sino que están constantemente practicándola, aun sin saberlo.

Entendámoslo…

El movimiento no es más que una transición de… desintegración de la materia a energía y de energía a materialización.

No lo perciben porque se produce a una velocidad más allá no solo de su comprensión como humanos terrestres, sino de su percepción de la vista.

Pero todo movimiento en el espacio es así.
Materialización y desmaterialización…., de materia a energía y de energía a materia.

La velocidad a la que se produce es mucho más de diez veces que la conocida por nosotros los humanos terrestres, velocidad de la luz.

No solo es así el movimiento, sino que es así la tele transportación dirigida a través de energía inteligente. De igual manera que a través de la energía inteligente se abren puertas estelares y agujeros de gusano, para trasladarse a través del espacio.

Aunque he de señalar que las puertas estelares son abiertas desde la sexta hasta la novena dimensión y se abren desde las dimensiones de arriba hacia abajo; jamás se pueden abrir de dimensiones menores a las más altas.

Se hace así por seguridad, ya que las dimensiones menores son problemáticas, guerreras y conflictivas. Por lo tanto solo

tienen ese derecho las dimensiones superiores para poner orden, imponer justicia y proteger a los positivos de los negativos en caso de conflictos.

Ahora nos centraremos en este Sistema Solar...

El sistema solar que los contemporáneos de este Planeta Tierra conocen es realmente joven comparado con los demás. En un principio había más planetas de los que conocemos actualmente.

Digamos que entre Venus y Marte había uno, del cual tenían conocimiento los Mayas, aunque en su tiempo, ya no estaba desde hacía milenios.

Entre la Tierra y Venus había otro tan igual a la Tierra pero fue alcanzado por un asteroide.

Dicho planeta murió por completo y fue atraído por la gravedad de la Tierra convirtiéndose así en otra Luna.

Llegó un tiempo en la cual La Tierra tenía dos lunas que orbitaban alrededor de ella. Dicha luna o planeta muerto fue alcanzado otra vez por un asteroide, lo que le hizo traspasar la gravedad de La Tierra llegando a chocar contra ella.

Esto ocurrió al principio de los tiempos de la formación de La Tierra.

Se llegó a pensar que moriría el planeta Tierra, debido al gran desastre ocurrido en ella. Su órbita se trasladó y su eje se desvió. Sin embargo, su lucha por desear "Ser" (algo fascinante de admirar) la hizo seguir adelante, aún con todo lo ocurrido.

Entre Júpiter y Saturno había otro planeta, que debido también a un asteroide que chocó contra él, fue totalmente desintegrado convirtiéndose en polvo estelar, el cual está girando alrededor de Saturno.

Este sistema solar es imprevisible tal cual lo es La Tierra, debido al tránsito de asteroides…

De hecho Júpiter le ha salvado al Planeta Tierra de muchos de ellos, no solo porque sirve de "pantalla protectora" sino, que debido a su gravedad, los asteroides son atraídos hacia él.

A excepto el último asteroide que actualmente la humanidad terrestre contemporánea ha tenido la oportunidad de saber, el cual venía derechito para La Tierra y fue desviado por los hermanos mayores positivos. (Este asteroide vino atraído por la negatividad de La Tierra, esto lo comprenderemos más adelante.)

El sistema de memoria del humano terrestre actual, no alcanza a recordar todo este almacenaje de información que el "sistema mental" transmite "al alma" durante todas las experiencias adquiridas en todas sus reencarnaciones.

Digamos que "los que somos ahora, somos desde el principio de los tiempos."

La Tierra por mucho que digan o especulen los científicos humanos terrestres contemporáneos de este mismo Planeta, es en realidad de casi seis mil millones de años.

Como pista tenemos en la Biblia puesto que cuando dice el tiempo de la formación de la Tierra nos da como referencia que un día de la creación de ella, equivale a mil millones de años y al séptimo día descansó.

¡Pongamos un poco de imaginación a que se refiere con el séptimo día!

Me gusta explicarlo de una forma espiritual, no solo porque el mundo espiritual lo rige todo, sino porque de no ser así, no lograrían entenderlo. (Como humanos terrestres actuales.)

Según la humanidad terrestre contemporánea, La Tierra no tiene tanta edad, sin embargo, tiene casi seis mil millones de años. Y en verdad tendrían razón como humanidad actual, puesto que realmente es bastante joven, una linda jovencita diría Yo.

Tampoco "tienen ni idea" en que tiempo de la historia situarse ciertamente como seres humanos.

"Aun serán confundidos, para que sabiendo no sepan, aún teniendo ojos no vean y aún teniendo oídos no oigan. Sin embargo, vosotros que aún no viendo ni escuchando, se os dará todo el conocimiento para que así seáis justificados a través del plan de Dios, en La Tierra, debajo y sobre ella."

Habrás podido comprobar por ti mismo que si te guías por la información que te proporciona la ciencia, esta no te lleva hacia ninguna parte.

Sin embargo, si te guías por las antiguas culturas y civilizaciones, sobre la base misma de todas ellas, hallarás más conocimiento, las cuales resuenan en ti como verdades, aunque incompletas.

Digamos que son como piezas de un puzzle que solo tienes que encajar, para conseguir hallar una verdad completa.

Durante los tres mil millones de años primeros de la formación de este planeta, hubo una Rodinia, una más de lo que especulan los científicos que hubo.

En ese tiempo había una porción de continente unido, situado a un nivel más bajo que el Ecuador de la Tierra.

Durante ese tiempo se crearon laboratorios provisionales en dicho continente, para empezar con los preparativos de creación de vida en este Planeta.

Lo primero que se creó fue un ser humano hembra con ADN solamente humano, después tratado el óvulo de la mujer genéticamente se procedió a la creación del varón, sin tener que la mujer crearlo dentro de sí. Se mantuvo durante muchísimo tiempo bajo observación tanto al hombre como a la mujer.

Estuvieron sin contacto alguno hasta que el varón se hizo adulto. Una vez adulto el varón, se dejó tener contacto entre ellos.

La mujer, como era de esperar según su escénica natural daba amor incondicional al varón sin deseos sexuales. (Como era de esperar de madre a hijo aunque ellos no lo sabían porque en realidad Eva no lo había tenido en su vientre y no le había dado a luz.)

Fueron creados seres inmortales tales como el Creador, sin tener que haber pasado por la experiencia de elevación espiritual, como todos los seres humanos creados hasta el momento.

Mientras "La Tierra" era totalmente inestable, se mantenía a los dos seres creados en el laboratorio, proporcionándoles un lugar donde era todo un bello lugar paisajístico, pero en un laboratorio al fin y al cabo. (Una gran nave, con cubiertas holográficas.)

La energía inteligente que les proporcionó vida se llama Jehová. Y los Maestros ingenieros en genética que los crearon se llaman Annuk. Los Maestros en ingeniería genética, bioquímica, biología… estaban en estos laboratorios provisionales, para la más importante misión hasta ahora conocida: "La Tierra y sus habitantes".

Así que pensar que fuimos creados como "esclavos" es un error.

Por ese tiempo, los creadores tuvieron que salir de La Tierra, pues se precipitó sobre ella una de sus lunas.

Se trasladaron los laboratorios hacia el Planeta Nibiru. Planeta altamente inteligente, que forma una unidad con sus habitantes, este Planeta no necesita estar en un lugar determinado, puesto que no solo es un planeta, sino también es una gran nave que se mueve a través de su propia inteligencia y según órdenes de sus habitantes.

El Planeta Tierra quedó altamente destrozado, tanto que se pensó en suspender dicho plan.

Sin embargo el Creador ordenó esperar un cierto tiempo y mientras esperaban, creaban vida en los laboratorios, para después implantarlas en La Tierra, si esta decidiera por ella misma desear "Ser"

❦

SEXTA PARTE

Tuvieron que pasar unos mil quinientos millones de años, antes de volverse a trasladar los laboratorios hacia La Tierra, aún todavía inestable y altamente contaminante.

Tuvieron que pasar unos mil quinientos millones de años, antes de volverse a trasladar los laboratorios hacia La Tierra, aún todavía inestable y altamente contaminante.

Se empezó por entonces a ayudar a la Tierra a sanar y a estabilizarse.

Una vez hecho esto y con el proyecto del oxígeno en marcha, se procedió a dar vida a través del agua. Y a partir de allí solo se tuvo que esperar a su evolución en todo el planeta tanto de plantas como de animales, siendo el aire el principal objetivo para proporcionarle a las creaciones humanas el salir de los laboratorios.

Una vez establecido cierto orden en La Tierra (digamos en "La Pangea" para situar un poco más la historia) se decidió la creación de una "especie de seres humanos" coincidiendo con la llegada a

la Tierra de "los reptilianos", los cuales ayudaron en la creación de reptiles, para su posterior evolución.

Esta raza de seres humanos se crearon con ADN humano y ADN reptiliano puesto que en La Tierra no se podía crear otra especie según el proceso creado por entonces en ella.

Esta raza de humanos evolucionó muy bien, junto con la especie de reptiles en La Tierra.

Se inició por entonces, una manipulación genética con los reptiles para su continua evolución, puesto que se necesitaba su ADN para otros tipos de especies de animales. Por entonces un asteroide impactó contra La Tierra y vuelta a empezar.

Los continentes empezaron a dividirse y toda la Tierra quedó casi extinguida de vida. Los "humanoides creados con ADN humano y reptiliano" fueron acogidos por La Tierra en su interior y desde entonces están en ella. (Son los llamados Intraterrenos.)

Se empezó a sanar La Tierra y vuelta a empezar con la implantación de seres animales en este Planeta, pero esta vez más pequeños. Se prestó gran interés por los mamíferos y en particular sobre la raza felina y junto a la raza felina la del ave.

Aun con todo este especial cuidado, los cambios en presiones ambientales sobre La Tierra eran aún inestables. Sin embargo, todos ellos evolucionaron bien. Por entonces La Tierra se estabilizó en cuanto a los movimientos de continentes y por la zona del Ecuador, empezó a estabilizarse un clima tropical, por lo que se decidió hacer un ambiente lo más natural posible para "ADAN" y "EVA".

Entonces fue cuando se creó a la raza humana, con ADN humano junto con los demás ADN de reptil, felino y ave. (Es decir los 4 ADN)

A partir de ahí hubo más mamíferos que evolucionaban por sí mismos como "los homos" pero su evolución no podía ir más allá, de los que sus propios genes de animal les permitieron.

Mientras tanto, los primeros "seres humanos creados con los cuatro ADN" evolucionaban bien, con alteraciones genéticas, para que se desarrollen más los genes humanos que los de animales.

Fueron creados por parejas, hombre y mujer fueron creados a la vez. Durante cierto tiempo estuvieron bajo observación y al evolucionar bien se decidió dejarlos por ellos mismos interactuar solos con La Tierra

Se inició entonces el programa de llegada de las razas de los cuatro **ADN** alternativamente para enseñarles como maestros, lo que debían saber.

Así fue como la primera raza extraterrestre fueron los reptilianos, anteriormente ya habían estado aquí ayudando así que, no se les originó dificultad alguna por su parte. En principio el contacto era lejano, pero después fue más cercano hasta llegar a convivir juntos.

Esa fue la primera civilización creada. Llegado el momento "los Annuk" se marcharon, pero un pequeño grupo se quedaron.

Entre tanto… tras los reptilianos positivos, "los negativos" se acercaron en principio por curiosidad, pero después ya fueron viniendo no con muy buenas intenciones.

Así que, se empezó a enviar naves militares de positivos hacia la Tierra, puesto que ya venían los reptilianos negativos, con intención de invadir el planeta.

Hubo por entonces grandes batallas en los cielos.

Algo que se quería evitar cuanto más tarde mejor pues "la negatividad" venida del exterior no era muy buena para La Tierra en esos momentos, pues prácticamente empezaba el plan a funcionar como se esperaba.

Por entonces el planeta Marte tenía habitantes de raza reptiliana y el otro planeta el cual ya no existe en la actualidad, también estaba habitado.

Siendo este un período de tiempo bastante conflictivo en toda esta zona, debido al plan del Creador por parte de la negatividad.

Debido al Plan del Creador, hubo muchos desacuerdos en la Jerarquía de este Universo.

Para comprender este debate que se creó, es necesario que antes se comprendan algunas cosas sobre nosotros mismos y nuestra forma tanto de ser, como de vivir y de nuestras jerarquías.

Todos los Universos son más o menos iguales en su forma de vivir y jerarquías.

Cada universo tiene sus propios problemas con "la negatividad" y por lo tanto, tienen que solucionarlos para crear equilibrio. Todo en el Cosmos se basa en expansión y contracción pero también en el equilibrio.

Cada Universo tiene en sí mismos las nueve dimensiones, es decir, tres trinidades de dimensiones. Y cada ser humano positivo, tienen en sí mismos la Trinidad Real.

(Espíritu + Padre + Hijo) En realidad todos somos hermanos, puesto que el Creador es nuestro Padre.

Sin embargo, "los negativos" aunque están creados de la misma manera que "los positivos" no pueden alcanzar la Trinidad Real, puesto que no reconocen al CREADOR como a su Dios, ni tampoco como su Padre.

No pueden pasar más allá de lo mental.

Las enseñanzas de la negatividad como las que creó Satanás ha proporcionado muchos seres negativos. Pues así como Satanás sabía que el Creador era el único Dios y Padre de todos, así debía habérselo mostrado a todos los que por "Él" eran enseñados aunque fuesen negativos.

Sin embargo, cuanto más avanzaban mentalmente los seres negativos mas se apartaban del mundo espiritual y por tanto no reconocen al Creador, como su Dios y Padre de todos.

Tampoco reconocían a los positivos como a sus hermanos, sino como a enemigos a los cuales había que destruir.

Sus ansias de poder y dominio, los hacían peligrosos tanto para este sistema solar como para la galaxia, para el universo y el Cosmos.

Es momento de hablar acerca de Satanás….

Satanás por entonces estaba en el planeta que había entre Venus y Marte, proporcionando negatividad pero a la vez, intentando demostrar que el conocimiento que el daba de más en negatividad era beneficioso y no contradecía los mandatos de Dios.

Puesto que llegarían a pasar de lo mental a lo espiritual, obteniendo así los secretos de los cielos, al igual que los positivos la obtenían….

Mientras aquí en La Tierra transcurría la primera civilización "humana terrestre".

Las dimensiones elevadas tienen potestad sobre las inferiores, ya sean negativas o positivas.

"Potestad" es un término que contiene un concepto híbrido entre poder, derecho y obligación. En la mayor parte de los casos, la potestad es irrenunciable.

La potestad es un derecho porque quien la ostenta puede ejercerla frente a ciertas personas para que cumplan ciertos deberes.

La potestad es un poder porque quien la ostenta puede normalmente hacer uso de la fuerza para ejercerla. Por ese motivo se atribuye normalmente a alguna autoridad.

La potestad es un deber porque la persona que la ostenta está obligada a ejercerla y no se puede rechazar.

Así como la Luz es Real y la oscuridad es solo falta de Luz. Así como la energía negativa no es sino falta de energía positiva, por tanto, la energía positiva tiene potestad sobre la negativa.

Coincidió con el Creador Jehová en el mismo sistema solar, es decir, en La Tierra tanto Satanás como Jehová son hermanos pero son opuestos el uno del otro.

Satanás sabía del plan del Creador para La Tierra.

No le agradó el hecho de que se hiciese una nueva raza, proporcionándole el don de la realeza y mucho menos que el Creador fuese el mismo Jehová.

Tampoco le agradó el hecho de que se hiciese para demostrar que las acciones creadas por el no fuese perfectas y por tanto desaprobadas por el Creador.

Digo (poniendo énfasis en esto) que tanto existe Jehová como existe Satanás, ambos tienen cuerpos espirituales (no físicos). Jehová es un creador y Satanás es un arcángel.

Ambos están dentro de la jerarquía Real del Creador.

Sin embargo Satanás no es un creador. (Que quede claro.)

Muchos no lograrán entender por qué motivo un arcángel puede ser negativo o existir la negatividad y muchos menos aceptar que Dios, tenga parte negativa.

Veamos el tema desde otro punto de vista….

Primeramente me gustaría explicar que la oscuridad no existe, científicamente probada…

Solo se puede comprobar científicamente lo que es la Luz, entonces es cuando se llega a la conclusión que la oscuridad es simplemente falta de Luz.

De este modo podemos decir, que quien comprende que es la Luz, puede llegar a comprender que es la oscuridad.

Pero se necesita de la oscuridad para apreciar que es la Luz.

Si solo existiera la positividad, no tendríamos posibilidad alguna de elección. Sin embargo, al tener conocimiento de la negatividad, tenemos más posibilidades de elegir… ¿cierto?

Cuando escuchamos esto o lo leemos, nos viene a la cabeza el hecho de elegir positividad… ¿no? pues ….ha ello digo… ¡Te equivocas en la elección!

Lo explico:

La respuesta correcta hubiese sido…. "El equilibrio entre ambos polos".

Dios es tanto negativo como positivo, de hecho si no fuese así no podríamos vivir, puesto que todo el Cosmos tiene digámoslo así, su parte negativa que es la destrucción y su parte positiva que es la expansión o creación o ampliación.

Y de igual manera es arriba como es abajo.

Todos los seres creados por Dios tienen su parte positiva y su parte negativa.

Cada ser tiene por derecho propio elegir que desea ser, si negativo o positivo según los conocimientos o experiencias adquiridas, pero la elección correcta es el "equilibrio" en ellos. De ahí el desencadenante de la elección de ser negativo sin este conocimiento de "equilibrio". ¿Se comprende, conscientemente?

SÉPTIMA PARTE

Este no entendimiento de equilibrio de los dos opuestos, son creados mayoritariamente en las dimensiones menores, se hacen peligrosas en tercera, cuarta e incluso alguna que otra vez en quinta dimensión. Y cuando un plan deja de funcionar, hay que buscar otro que funcione.

Todo en el Cosmos tiene que tener su parte positiva y negativa, pero todo el Cosmos tiene que estar siempre en equilibrio, independientemente de las acciones de estos dos opuestos.

Así que cada cierto tiempo, se produce una limpieza general del Cosmos, para eliminar todo lo que no esté en equilibrio.

Aparte de la limpieza general cada cierto tiempo, existen otras clases de limpiezas que son más constantes.

En la tercera dimensión por ejemplo cada cierto tiempo "se muere" para una limpieza del Karma o espíritu o energía (como queramos llamarlo) para no acumular energía negativa.

Cuanto más avancemos en dimensiones, nuestra longevidad de vida será mayor, moriremos menos veces y nuestra vida será más larga.

Y así hasta que no tengamos la necesidad de morir, porque no necesitaremos limpieza de Karma ya que somos capaces de tener equilibrados ambos polos en nosotros mismos.

La tercera dimensión, es la más complicada y a la vez la clave de la inmortalidad.

Pues en ella decidiríamos todos los seres humanos ya sean terrestres o no terrestres, es decir, todos…. "si elegimos Ser o no Ser"

Todo está creado por energía inteligente, así que todo lo creado por Dios…. piensa.

Sin embargo traspasar el estado mental para entrar al mundo espiritual es lo que te proporciona la inmortalidad y por tanto, es lo que realmente te hace "Humano y Dios" (negatividad & positividad).

De este modo comprenderás, que todos los seres humanos del Cosmos estamos hechos a imagen y semejanza de Dios… ¿Se comprende?

Si un "Ser" elige ser negativo y no traspasa lo mental… viene a ser lo mismo que un animal y no un humano. Los humanos tienen cabida en el mundo inmortal solo si dejan su estado animal, en tercera dimensión.

De este modo, lo animal pasa a ser celestial, el cuerpo físico pasa a ser cuerpo espiritual, lo corruptible pasa a ser incorruptible, lo mortal pasa a ser inmortal… Es toda una verdadera transformación.

Un ser negativo tendrá todas las posibilidades de ascender repitiendo en las misma tercera dimensión, cuantas veces sea necesario, para que aprenda lo que tiene que aprender.

Y lo que tiene que aprender lo aprenderá tarde o temprano.

De eso se trata la reencarnación aquí en La Tierra una y otra vez.

"Esto que lo expongo es de total suma importancia que lo comprendan, pues los seres humanos terrestres lo comprenden

normalmente de forma errónea, debido a tanta confusión de religiones y dogmas".

Una vez completada tantas reencarnaciones en una tercera dimensión y después de siete civilizaciones. El que ha elegido ser positivo, es decir, traspasar lo mental y llegar a las puertas del mundo espiritual, pasa a un nivel más alto de dimensión.

El que elige ser negativo, es decir, no traspasar lo mental, el Creador lo incorpora a su Naturaleza Divina... *¿Se comprende?*

"No todos moriremos, pero todos seremos transformados de seres físicos, a seres celestiales o energía o espíritu".

Los que dejan de ser "seres individuales" son en realidad los que "mueren o dejan de ser" con la última civilización y última reencarnación y son los que el Creador incorporará en sí mismo.

Porque todos de Él fuimos creados y a Él volveremos de un modo u otro. Por este motivo.... "No todos moriremos, pero todos seremos transformados".

En esta civilización humana terrestre, como les faltaría dos civilizaciones más, la comprensión del Creador hacía la incorporación en sí mismo de los negativos terrestres será diferente en este caso.

Así que, entendiendo que la negatividad tanto como la posibilidad es necesaria, que todos estamos constituidos de igual manera y que solo hay que mantenerlas en equilibrio, en uno mismo…., podemos llegar al entendimiento lógico, que el aumento de la negatividad crea desequilibrio.

La negatividad que cada cual tiene en sí mismo, depende de uno mismo equilibrarla…
Tanto la libertad como el libre albedrío y el conocimiento del bien y del mal son innatos en el ser humano… Todos, nacemos con ese derecho y con ese conocimiento.

Aun sin saberlo, somos condenadamente libres y divinamente humanos.

Ahora bien, cuando un ser elige ser negativo, la negatividad que proporciona hacia el exterior es una energía que perjudica a todos los demás, incluido al que la proporciona.

Y ahí es donde empiezan los problemas.

La negatividad que viene dada desde el exterior.

La negatividad es destrucción…lo que uno es, es lo que atrae.

Por tanto, llega el momento que se destruye a sí misma. (Eso es así para todos en general.)

Es fundamental que se llegue a entender esto muy pero muy bien, para que se logre entender todo lo que seguiré diciendo a continuación sobre la historia terrestre, es decir el "pasado" de esta humanidad.

Y también para que se pueda entender todo lo que está por llegar, es decir el "futuro" de esta humanidad.

Para que entendiendo y recordando, se pueda elegir libremente un presente (Ahora) que se desea "Ser".

Puesto que lo que cada uno elija ser, es la energía que individualmente se va a proporcionar hacia el exterior.

(En tu caso, está claro que es lo que estás eligiendo.)

Entonces pues sigamos hablando de mi historia, para poder hablar de la tuya, ya que a la vez la tuya es la que transformará la mía.

Pero bueno, solo dura el tiempo que tardo en explicarlo, pues he notado que el humano tiene una capacidad enorme de comprenderlo todo.

Cada universo, tiene sus propias reglas que son más o menos iguales que los demás universos.

La jerarquía de los universos es de 24 ancianos, o sabios, o dioses, que forman trinidades reales con el Creador. Son los que deciden y ordenan.

Después están las de las galaxias, las cuales son hermandades (grupo de dioses menores o creadores menores) Son los que deciden y ordenan.

Y por encima de todos ellos está el Creador.

Si hay un problema en una galaxia, ellos tienen que solucionarlo. Si no se soluciona, la negatividad traspasa fronteras, por tanto viene a ser un problema universal.

Si un universo tiene problemas, tiene que solucionarlo.

Si no lo soluciona, la negatividad traspasa fronteras y viene a ser un problema multiuniversal.

Si el multiuniverso tiene un problema y no puede solucionarlo, la negatividad traspasa fronteras y viene a ser un problema del Creador.

Y entonces el Creador tiene que actuar para solucionar el problema. ¿Se comprende?

Por ese motivo existe el Plan de Dios.

En este último ciclo cósmico, la negatividad ha llegado a ser un problema para el Creador.

Y el plan de Dios ha sido, es y seguirá siendo justo, comprensivo pero implacable.

Es decir, el cumplimiento de dicho plan será hecho.

Dicho plan, consiste en primer lugar mostrarnos a todos la verdad. En segundo lugar, eliminar toda negatividad existente venida desde el exterior debido al desequilibrio. En tercer lugar, que el mismo lo haría haciéndose mortal y físico para que sea justificado ante todo el Cosmos que la raza más pequeña creada, sería la mayor; aún con toda la negatividad existente en ellos y venida del exterior.

Quienes serán realezas ante todos los que ya estaban, debido a la demostración de que se puede traspasar lo mental y llegar a lo espiritual desde una tercera dimensión.

Los mayores enseñaron a los pequeños pero los pequeños llegaron a enseñar a los grandes lo que en verdad tenían que saber.

Se puede comprender ahora porque motivo todos los universos saben de la existencia de la raza humana… ¿no es así?

Satanás eligió ser negativo y toda la negatividad que crea hacia el exterior es cada vez mayor debido a que la energía negativa se alimenta de energía negativa. Ahora… Satanás es el supremo líder de la negatividad. Y así ha de ser hasta el cumplimiento del plan de Dios.

Se le permite hacer para no solo servir de catalizador, sino también para atraer a toda la negatividad existente y sobrante de todo el Cosmos hacia un lugar determinado…La Tierra.

OCTAVA PARTE

Ahora retomemos donde nos quedamos en la historia de La Tierra… Mientras aquí se empezaba a crear la primera civilización, el planeta que había entre Venus y Marte quedó totalmente pulverizado por la negatividad existente en ese planeta.

Se tuvo que necesitar mucha energía positiva para proteger este planeta Tierra de la onda expansiva de la terrible explosión que se originó.

Marte, quedó profundamente afectado y sus habitantes tuvieron que trasladarse al interior del planeta. Así mismo, los habitantes positivos del planeta desaparecido, tuvieron que ser enviados a otros sistemas solares y ubicarlos en diferentes planetas.

El causante de todo esto fue Satanás.

Los hermanos mayores tienen el poder de atar a los negativos, uno de los cuales fue Jehová, el cual ató a Satanás y fue enviado junto con todos los participantes, llamados por esta humanidad "diablos" a los cristales de prisión, por el terrible desastre que ocasionaron.

Al cual no se le dejaría libre para que no causara tanto mal hasta los últimos mil años para que pudiese atraer a toda la negatividad existente hacia aquí, la Tierra.

Por otra parte, aquí se encontraban la raza reptiliana para enseñarnos lo más básico primeramente para sobrevivir junto con todas las enseñanzas de ciencias que esta raza humana fuese capaz de asimilar.

Por otra parte estaban los Annuk un grupo que se quedó para el seguimiento de toda la creación tanto animal como humana.

Los Annuk tenían a su vez que regenerar su cuerpo para poder seguir teniendo cuerpo físico activo, el cual se iba degenerando con el tiempo.

Una vez transcurrido la primera civilización se dio paso a la segunda en la cual se marchó la raza reptiliana y vino la raza felina.

Con la raza felina se incrementó los conocimientos de matemáticas y astrología llegando a la tercera civilización. En esta tercera civilización humana en La Tierra, los de raza felina siguieron siendo los maestros de esta humanidad, pero esta vez fueron los felinos los que fueron iniciando así el conocimiento de "la tecnología".

Se crearon entonces, las dos esfinges de las cuales solo queda una, la masculina. la otra esfinge situada justo al lado fue erosionándose con el tiempo, pero se puede constatar su existencia por los túneles subterráneos que unían a las dos esfinges.

De cierto digo, que la raza felina jamás hubiese hecho una sola esfinge sino dos, la leona y el león. Son creadores conjuntamente la leona con el león. Y las conexiones de las dos esfinges realizan la misma función que las pirámides.

Son transmisores y receptores. Las dos señalaban por entonces, la constelación de Leo.

Ya con el término de la primera civilización e inicio de la cuarta, la raza felina se marchó y vino la raza ave o pájaro.

La raza ave o pájaro, terminó de concluir todos los conocimientos de ciencias especializadas y ciencia espiritual a la raza humana terrestre; y, se empezó a extender hacia Europa y Asia pues la concentración de humanos se extendía al igual que el clima.

También se procedió hacia Sudamérica y hacia el Sur de África. En este tiempo se originaron varios movimientos terrestres y los volcanes entraron en erupción, creando muchos altibajos en la superficie terrestre.

Tanto se hundían las islas como aparecían otras nuevas. Entre las cuales, la Atlántida como bien dice esta humanidad que existió y así fue.

Realmente fue un desprendimiento de Tierra entre España y África lo que llegó a convertirse en una isla, la cual se hundió después de grandes explosiones volcánicas.

Cuando la Tierra se estabilizó, llegando a ser lo que es hoy en la actualidad, se continuó con el aprendizaje.

Se iniciaron las creaciones de todas las pirámides existentes en la Tierra, europeas, chinas, indias, mayas y egipcias (y de zonas ecuatoriales).

Las pirámides fueron construidas por esta raza humana pero con tecnología avanzada y conocimientos avanzados que provenían de los maestros extraterrestres, que conjuntamente estaban entre esta humanidad cuando se hicieron.

¿Para qué se hicieron las pirámides?

Para poder hablar con los "ancestros" cuando ellos no estuvieran ya aquí. Al igual que el conocimiento de todo el poder de la energía inteligente.

Esta humanidad no tiene la capacidad de comunicarse a través de la telepatía en forma rápida o al menos sin que se practique mucho y se alcance un acceso a este conocimiento y fuerte entrenamiento e iniciación en este tipo de comunicación, así que esas estructuras albergaban además, un medio por el cual se podía comunicar y ellos a su vez, podían seguir proporcionando conocimientos sobre todo conocimientos espirituales.

¿Porqué están colocadas casi todas las pirámides hacia la constelación de Orión y ubicadas en esos lugares?

Primeramente diré que están ubicadas en esos lugares, porque son lugares de salida de energía de la Tierra y conexiones perfectas de redes energéticas de la propia Tierra, las cuales el planeta lo utiliza igual que la humanidad utilizó las pirámides en su día, para comunicarse, sanarse y elevarse espiritualmente.

Pero la Tierra se comunica con todos los seres vivientes de la superficie tanto como con el Creador. Así que se aprovechó esta energía de la Tierra para construir las pirámides y su ubicación con el cinturón de Orión, debido a que es ubicada como una gran antena de recogida de vibraciones energéticas.

No solo tiene esas funciones de antena para comunicaciones con ellos… también señala los lugares de donde proceden los ancestros de esta humanidad, además de ser una manera hermosa de reflejo, pues tanto es arriba como es abajo y es abajo como es arriba.

Antes de terminar la cuarta civilización, la raza ave se marchó; pues apenas cuando se crea dependencia de los humanos hacia los hermanos mayores, no es bueno para los "pequeños" y esa es una señal que indica que los mayores, han de irse.

Por ese motivo cuando se marchan los hermanos mayores, las civilizaciones decaen y a veces se extinguen, a causa de la negatividad producida por los humanos, cuando se quedan bajo su propia responsabilidad.

Una vez que la raza ave se marcha, se procede con el plan del Creador. Los Annuk codifican el ADN de Adán y Eva. Dejando a ambos que se desarrollen como simples mortales en La Tierra.

A partir de ahí, ya más o menos es posible seguir ubicando la historia… *¿Cierto?*

He de señalar que los primeros faraones fueron Annuk pero por esas fechas ya su ADN se degeneró por completo tanto en Sudamérica como en Egipto.

Esta raza humana tiene una manera de medir el tiempo de una forma inexacta, sin embargo los Mayas, no.

El tiempo de esta raza humana actual, está adelantado con el de los Mayas. Tanto los datos de la Biblia como la de los Mayas, en el 2.000 se inicia el ciclo, en el 2.012 es el equilibrio y se terminó en el 2.022

La Biblia señala este tiempo, como referencia a los dolores de parto, es decir, después de los dolores de un parto que conlleva en el nacimiento de un nuevo Ser, la felicidad.
También con miedo debido al sentimiento de confusión, por no saber en realidad que es lo que ocurrirá.

Todo lo que está en equilibrio puede ascender sin tener que esperar un ciclo cósmico. (Como los Mayas, Los Atlantes y los Intraterrenos.)

Como lo expuse anteriormente, los que somos ahora, somos desde un principio…

Digamos que cuando se muere solo se lleva la obra que se ha realizado con el Ser… o tan solo, el conocimiento experimentado.

Cuando se muere el cuerpo físico se incorpora a la naturaleza y el espíritu parte hacia un lugar determinado para la limpieza del Karma, que no tiene otra finalidad que eliminar la negatividad sobrante y equilibrar la energía inteligente o espíritu.

Una vez equilibrado el espíritu se vuelve a nacer sin memoria, la cual se irá activando con el transcurrir de la vida.

El amor hace vibrar al espíritu a una frecuencia superior (despertar de la conciencia o darse cuenta) la cual hace descodificar el ADN obteniendo así la entrada a todo un poder inimaginable.

Los cambios cíclicos tienen como finalidad el estar en equilibrio y dependiendo de la madurez de cada ser o grupo de seres, subir una dimensión más.

Digamos que se puede repetir muchos ciclos cósmicos estando en equilibrio y no ascender de dimensión porque no se ha obtenido la madurez espiritual necesaria. (Eso depende tanto del ser, como de los seres que componen la humanidad.) También hay un límite establecido para repetir una dimensión, es decir, son siete civilizaciones. Así ha sido siempre en todos los Universos.

A esta raza humana le faltan dos civilizaciones para concluir de una tercera dimensión, sin embargo, debido a las circunstancias se pasará a una cuarta civilización. Pero esto lo explicaré más adelante…

❧

NOVENA PARTE

Ahora vamos a entrar un poco más de lleno en el mundo espiritual para que se pueda comprender el plan del Creador y de alguna manera el futuro de esta raza humana, es decir, hacia donde "vamos".

En un principio vamos a darle Luz a las palabras del Apóstol Pablo puesto que suele haber confusión en la comprensión de sus escritos cuando se lee...

Como bien dice Pablo cuando transmite información "a todos" sobre la venida de Jesús, la cual no sería inmediata puesto que había de ocurrir unos ciertos acontecimientos a lo largo de "los tiempos" de esta historia humana.

Sin embargo cuando se dirige hacia "algunos de sus discípulos" se refiere a la venida de Jesús como acontecimiento el cual "ellos" tanto Pablo como sus discípulos asistirían en persona.

Jesús le dijo a Pedro que era necesario que Juan quedase en la Tierra hasta su próxima llegada, no dijo que no moriría, sino que

estaría en la Tierra hasta su próxima venida.

Todos los profetas de entonces y algunos discípulos entre ellos Pablo y Juan están aquí ahora como cualquiera de nosotros presentes ¡aquí y ahora!

Están todos los que erróneamente se los llama "Maestros Ascendidos".

Digo que se los llama erróneamente "Maestros Ascendidos" porque se piensa que son originarios de la Tierra y además que han ascendido, cuando en realidad ni son originarios de la Tierra y lo que hacen es descender a ella para proporcionar a esta raza humana conocimientos tanto científicos como espirituales.

Todos estos Maestros, han estado reencarnando una y otra vez… para proporcionar conocimiento espiritual.

Sin embargo en esta última reencarnación no han venido como Maestros Espirituales, sino como señaladores del camino de regreso a casa a todo aquel que desee saber y ayudar a la Tierra en su ascensión proporcionándole primeramente energía positiva femenina para contrarrestar la energía negativa masculina y como participantes del ejército de Dios para el cumplimiento de su Plan una vez ultimado la recogida de los positivos, puesto que han de conectar la rejilla energética para que nada que pueda

ser negativo se pueda extender hacia el exterior de la Tierra, procediendo así con la limpieza de Karma del Planeta antes de la alineación cósmica.

En la Biblia como las demás civilizaciones no coinciden con el tema de la reencarnación y en general todas están equivocadas en cuanto a una definición acertada o comprensión de la misma.

Y sin embargo solo la Biblia tiene una representación buena con la reencarnación de Jesús, pero también es erróneo como se la entiende, puesto que se piensa que solo una vez se reencarna y que solo reencarnan los positivos.

Por un lado tenemos el hecho de que cuando el ser humano reencarna no lo hace nunca en un animal, sino en la misma dimensión de conciencia en la que se encuentra o hacia niveles superiores, pero jamás hacia niveles inferiores.

Por otro lado no se reencarna en el mismo cuerpo que se ha dejado atrás como creían las civilizaciones como la egipcia, asiáticos, sudamericanos, etc…

Si nos tomaríamos el tiempo suficiente como para sentirnos nosotros mismos hacia el interior, podríamos darnos cuenta que nos sentimos los mismos seres ahora, independientemente de la edad que tengamos físicamente, con el recuerdo de cómo se siente cuando se ha tenido cinco años, diez o veinte… Nos sentimos igual en cualquier edad con el reconocimiento que somos el mismo ser en todos esos tiempos pasados incluyendo con el que somos "ahora"

Es decir, el espíritu o ser no asume diferentes edades puesto que siempre es el mismo. EL espíritu o Ser no envejece puesto que en realidad no tiene edad. Solo el cuerpo físico que se usa de una vida a otra aquí en La Tierra envejece y muere.

Ese es el motivo por el cual el cuerpo espiritual es joven aun siendo antiguo y el cuerpo físico aún siendo joven envejece.

Todos los seres humanos terrestres, intraterrestres o extraterrestres estando en tercera dimensión, reencarna una y otra vez hasta completar un período máximo de más o menos

unos ciento ochenta años de edad o siete civilizaciones de conocimiento para poder llegar a una cuarta dimensión.

También se pueden obtener dimensiones más altas independientemente de cada persona, civilización o raza en períodos más cortos.

Pero "el límite máximo" son siete civilizaciones o siete ciclos cósmicos en tercera dimensión. En el caso de esta raza humana será antes por las circunstancias actuales debido al Plan de Dios.

Cuando un ser humano muere, la energía se recoge desde los pies hasta el cerebro y entonces se separa el cuerpo espiritual del cuerpo físico. El cuerpo físico se incorpora a la naturaleza y el cuerpo espiritual sigue su camino a través de un agujero de gusano caminando con sus pies pero con cuerpo espiritual siempre hacia delante hasta llegar al final del camino.

Al término del camino se encuentran dos espacios los cuales están ocupados por la misma naturaleza de las dos energías, es decir positividad y negatividad.

Están justo uno al lado del otro y al final del agujero de gusano o pasillo o túnel (como se lo quiera llamar pues todas estas definiciones son correctas)

DÉCIMA PARTE

Los dos espacios son como imanes, es decir, si tu alma es positiva, es atraída por el espacio con la esencia positiva y si tu alma es negativa, es atraída por la fuerza del espacio que tiene la esencia negativa.

No hay error en el cual se ha de entrar, puesto que, los espacios de cada esencia atraen como imanes sin forma de escapar a las almas con la misma composición de cada espacio.

Todas las almas tienen una hora determinada para su muerte. Por tanto y muchas veces ha ocurrido que la legada de un alma que no tenía que entrar aún y entonces el ángel que sostiene el libro de la vida interfiere en el paso del alma antes de entrar en el espacio que ha de ocupar, comunicándole que su hora aún no es, más todavía tiene que hacer muchas cosas en el mundo, dando un buen empujón al cuerpo espiritual devolviéndola hacia atrás con una velocidad increíble hasta chocar contra su cuerpo físico de nuevo, hasta que sea la hora verdadera de su muerte.

Muchas personas que han experimentado este suceso han transformado sus vidas por completo, llegando a ser personas muy positivas obteniendo un concepto de la vida y de la muerte totalmente diferente.

La finalidad de estos lugares son la limpieza de Karma, es decir, la eliminación de toda la negatividad sobrante y el equilibrio del espíritu. (A este lugar se le denomina "muerte" y las almas que están en estos lugares se les dice "retenidos" por la muerte)

Jesús venció a la muerte porque tenía el Espíritu del Creador, El espíritu de Dios es tan puro y equilibrado que su Espíritu no puede ser retenido por la muerte…

Tanto el Espíritu de Jesús como el de los Maestros o discípulos y altas jerarquías no son retenidas por la muerte, pues su espíritu y el Espíritu de Dios forman una Unidad en total equilibrio.

Son los que en la Biblia describen como "Los que han sido partícipes de la primera resurrección no tendrán la necesidad de

una segunda muerte pues serán sacerdotes de Dios y de Cristo"
(Los que limpian su Karma con cuerpo físico) En estos dos lugares
se producen la limpieza de karma de diferente manera, teniendo
que eliminar esa elevación de energía negativa hasta llegar al
equilibrio para volver a nacer de nuevo.

Los positivos entran en un estado de sueño (es como si se
acostaran por la noche y se durmiera, de hecho, en el momento
de ser despertados suelen preguntar por sus seres queridos hasta
que seguidamente entran en un estado de conciencia) Realizan
en el estado de sueño primeramente un retroceso a través de lo
mental de todas las acciones experimentadas por el ser.

En segundo lugar, experimentan en sí mismos la transmutación
del resultado de lo creado por el ser, a través de sus acciones.

Los negativos en cambio entran en un estado totalmente consiente, primeramente realizan un retroceso a través de lo mental de todas las acciones experimentadas por el Ser.

En segundo lugar experimentan en sí mismos la transmutación del resultado de lo creado por el Ser, a través de sus acciones, las acciones al ser negativas, los resultados obtenidos serán igual que el "sentir" que han creado… es decir temor, dolor y sufrimiento.

Afirmo que los gritos de dolor y temor se pueden escuchar más allá del lugar que ocupan.

También existe un espacio y un lugar llamado "cristales oscuros de prisión" donde están los seres negativos sin cuerpo físico, los que en La Tierra se les llama diablos, estos, como bien habrás podido comprender son retenidos sin posibilidad de salir de ahí hasta el día en que el Creador los incorpora a su naturaleza para dejar se ser individuales.

Todos somos partes del creador, los cuales volvemos al Creador de un modo u otro, ya sea como positivo llegando hacia arriba formando parte de la Trinidad Real… o siendo negativo llegando hacia arriba siendo incorporados por el Creador, dejando de Ser seres individuales.

Puesto que así ha sido por siempre ya que la energía no se destruye, solo se transforma.

Cada opuesto tiene diferentes maneras de limpieza de Karma.

Los positivos lo hacen en estado de sueño y los negativos en estado consciente. Los que están en prisiones de oscuridad el creador los incorpora en sí mismo, los positivos como Jesús, Maestros y elevadas jerarquías no son retenidas por la muerte. Por tanto no necesitan limpieza de Karma.

En la tercera dimensión, es decir ahora en este Planeta... coexisten ambos mundos interactuando uno con el otro, el mundo físico y humano con el espiritual.

En este mundo de la raza humana no solo hay batallas de hombres contra hombres, sino también de reinos, dominios y potestades. También de ángeles contra ángeles, la positividad contra la negatividad.

Los positivos con cuerpos espirituales no poseen cuerpos humanos ocupados, sino que debido a misiones que se les encomienda realizar aquí en la Tierra dependiendo de la duración de la misión…. nacen para obtener cuerpos humanos.

Estos cuerpos humanos sirven para ocultar la entidad que en verdad es, para realizar la misión encomendada. Su memoria como entidad celestial es borrada por completo hasta la maduración de treinta y tres años, los cuales empiezan a despertar obteniendo el conocimiento de quienes son y para que están aquí.

Sin embargo todo su potencial está en activo para la defensa de su ser. Estos seres positivos aceptan por voluntad propia la misión otorgada. Ningún ser viene obligado sino libre, siendo consciente en el momento de su elección de que nacerán sin memoria, recuperándola con el transcurrir de tiempo y sabiendo que aunque recurra al archivo mental de su esencia, no podrán acceder a la mayoría de todos sus conocimientos PARA NO TRANSMITIRLOS.

Los positivos que vienen con una misión de corta duración como los mensajeros que suelen ser los ángeles, los cuales vienen con información para un ser determinado y directamente del Creador, estos se materializan fusionando su espíritu con un cuerpo físico sin llegar a ser materia en su totalidad (como todos los de esta actual raza humana, cuando llegue el momento de la ascensión)

Hablemos de las altas jerarquías como son Satanás y su ejército, los cuales se hacen llamar familia. Los negativos Satanás y su jerarquía, son los encargados de servir como catalizadores y también de provocar negatividad para la destrucción. Son seres espirituales con cuerpos espirituales, los cuales solo están en equilibrio poco tiempo, es decir, son solo seres de luz una vez terminado su limpieza de Karma.

Después de su equilibrio, continúan con su misión de crear negatividad, por tanto vuelven a ser negativos. Durante unos mil años aproximadamente que dura su limpieza de Karma con su "no" participación en la Creación, es el tiempo que tienen los positivos para realizar la restauración del Cosmos después de una alineación.

Pasado este tiempo la negatividad empieza su misión de destrucción. De este modo es como se permite una nueva era libertad de hacer y deshacer, crear y destruir. Pero siempre hay un límite establecido en cuanto al nivel de desequilibrio, es decir, ni se puede la balanza inclinar hacia la positividad ni

hacia la negatividad. Haciéndose notable la participación de las diferentes jerarquías para mantener a todos los universos entre los parámetros establecidos de equilibrio.

Tanto Satanás y su jerarquía no tienen cuerpos humanos ni tampoco el ejército que se va uniendo a la familia de otra dimensión como la quinta. A Satanás no se le permite nacer para obtener cuerpo humano pero si a su jerarquía. Los cuales al igual que los positivos de otras dimensiones que están aquí con cuerpo humano, porque han nacido y reencarnan, también los de la jerarquía de Satanás lo tienen porque pueden nacer y reencarnarse.

Del mismo modo que los de la jerarquía de Jesús mueren y se reencarnan sin obtener memoria pero con su potencial en activo, los de la jerarquía de Satanás del mismo modo pueden morir y reencarnarse sin obtener memoria pero con su potencial en activo.

Todas las jerarquías tanto de un lado como del otro reencarnan en la misma línea familiar que han tomado desde el primer nacimiento aquí en la Tierra…

Digamos que si un ser positivo nació la primera vez en la familia de los González pues sigue reencarnándose en la misma línea familiar, es decir, siempre reencarnarán en la familia González.

De este modo quedan justificadas las palabras del Creador cuando dice que su pueblo estaría esparcido por todo el mundo.

Cuando dijo estas palabras no se refería a los judíos ni tampoco al cristianismo, sino que para que quede constancia que todos los seres humanos terrestres han sido informados de la palabra del Creador a través de Jesús. Pues todos cuya espiritualidad es igual a la de Jesús pertenece a su pueblo independientemente de su raza, cultura, religión o sociedad. Y los guías de todo su pueblo están donde tienen que estar ahora a la espera de la orden de Jesús, al cual le dará la orden el Creador, para finalizar el plan de Dios para esta raza humana.

270

HASTA AQUÍ, POR AHORA...

"Paz en el cosmos, amor en el corazón." - Rorkael